I0756667

Semaine N° :

Date: _______________________

Lundi

Ce que j'ai remarqué d'écologiquement honteux:

____

____

Ma bonne action envers l'environnement:

____

____

Mes discussions environnementales _______________

____

____

MARDI

Ce que j'ai remarqué d'écologiquement honteux:

____

____

Ma bonne action envers l'environnement:

____

____

Mes discussions environnementales_____________________

____

____

MERCREDI

Ce que j'ai remarqué d'écologiquement honteux:

____

____

Ma bonne action envers l'environnement:

____

____

Mes discussions environnementales_____________________

____

____

JEUDI

Ce que j'ai remarqué d'écologiquement honteux:

____

____

Ma bonne action envers l'environnement:

____

____

Mes discussions environnementales_____________________

____

____

<u>Vendredi</u>

Ce que j'ai remarqué d'écologiquement honteux:

____

____

Ma bonne action envers l'environnement:

____

____

Mes discussions environnementales___________________

____

____

<u>Samedi</u>

Ce que j'ai remarqué d'écologiquement honteux:

____

____

Ma bonne action envers l'environnement:

____

____

Mes discussions environnementales___________________

____

____

<u>Dimanche</u>

Ce que j'ai remarqué d'écologiquement honteux:

____

____

Ma bonne action envers l'environnement:

____

____

Mes discussions environnementales___________________

____

____

CONCLUSION DE CETTE SEMAINE

MES ENGAGEMENTS POUR LA SEMAINE PROCHAINE, ET TOUTES LES AUTRES !

<u>Semaine n°</u>   :

Date:_______________________

<u>Lundi</u>

Ce que j'ai remarqué d'écologiquement honteux:

____
____

Ma bonne action envers l'environnement:

____
____

Mes discussions environnementales_______________________
____
____

Mardi

Ce que j'ai remarqué d'écologiquement honteux :

____

____

Ma bonne action envers l'environnement :

____

____

Mes discussions environnementales_______________

____

____

Mercredi

Ce que j'ai remarqué d'écologiquement honteux :

____

____

Ma bonne action envers l'environnement :

____

____

Mes discussions environnementales_______________

____

____

Jeudi

Ce que j'ai remarqué d'écologiquement honteux :

____

____

Ma bonne action envers l'environnement :

____

____

Mes discussions environnementales_______________

____

____

Vendredi

Ce que j'ai remarqué d'écologiquement honteux:

____

____

Ma bonne action envers l'environnement:

____

____

Mes discussions environnementales_______________________

____

____

Samedi

Ce que j'ai remarqué d'écologiquement honteux:

____

____

Ma bonne action envers l'environnement:

____

____

Mes discussions environnementales_______________________

____

____

Dimanche

Ce que j'ai remarqué d'écologiquement honteux:

____

____

Ma bonne action envers l'environnement:

____

____

Mes discussions environnementales_______________________

____

____

CONCLUSION DE CETTE SEMAINE

MES ENGAGEMENTS POUR LA SEMAINE PROCHAINE, ET TOUTES LES AUTRES !

LUNDI

CE QUE J'AI REMARQUÉ D'ÉCOLOGIQUEMENT HONTEUX:

____
____

MA BONNE ACTION ENVERS L'ENVIRONNEMENT:

____
____

MES DISCUSSIONS ENVIRONNEMENTALES________________
____
____

MARDI

Ce que j'ai remarqué d'écologiquement honteux:

____

____

Ma bonne action envers l'environnement:

____

____

Mes discussions environnementales_____________

____

____

MERCREDI

Ce que j'ai remarqué d'écologiquement honteux:

____

____

Ma bonne action envers l'environnement:

____

____

Mes discussions environnementales_____________

____

JEUDI

Ce que j'ai remarqué d'écologiquement honteux:

____

____

Ma bonne action envers l'environnement:

____

____

Mes discussions environnementales_____________

____

____

Vendredi

Ce que j'ai remarqué d'écologiquement honteux :

____

____

Ma bonne action envers l'environnement :

____

____

Mes discussions environnementales_______________________

____

____

Samedi

Ce que j'ai remarqué d'écologiquement honteux :

____

____

Ma bonne action envers l'environnement :

____

____

Mes discussions environnementales_______________________

____

____

Dimanche

Ce que j'ai remarqué d'écologiquement honteux :

____

____

Ma bonne action envers l'environnement :

____

____

Mes discussions environnementales_______________________

____

____

Conclusion de cette semaine

<u>Mes engagements pour la semaine prochaine, et toutes les autres !</u>

SEMAINE N°   :

DATE:______________________

LUNDI

CE QUE J'AI REMARQUÉ D'ÉCOLOGIQUEMENT HONTEUX:

____

____

MA BONNE ACTION ENVERS L'ENVIRONNEMENT:

____

____

MES DISCUSSIONS ENVIRONNEMENTALES______________________

____

____

<u>MARDI</u>

Ce que j'ai remarqué d'écologiquement honteux:

____

____

Ma bonne action envers l'environnement:

____

____

Mes discussions environnementales____________________

____

____

<u>MERCREDI</u>

Ce que j'ai remarqué d'écologiquement honteux:

____

____

Ma bonne action envers l'environnement:

____

____

Mes discussions environnementales____________________

____

____

<u>JEUDI</u>

Ce que j'ai remarqué d'écologiquement honteux:

____

____

Ma bonne action envers l'environnement:

____

____

Mes discussions environnementales____________________

____

____

<u>Vendredi</u>

Ce que j'ai remarqué d'écologiquement honteux :

____

____

Ma bonne action envers l'environnement :

____

____

Mes discussions environnementales_______________

____

____

<u>Samedi</u>

Ce que j'ai remarqué d'écologiquement honteux :

____

____

Ma bonne action envers l'environnement :

____

____

Mes discussions environnementales_______________

____

____

<u>Dimanche</u>

Ce que j'ai remarqué d'écologiquement honteux :

____

____

Ma bonne action envers l'environnement :

____

____

Mes discussions environnementales_______________

____

____

Conclusion de cette semaine

____
____
____
____
____
____

Mes engagements pour la semaine prochaine, et toutes les autres !

____
____
____
____
____
____
____
____
____

SEMAINE N°   :

DATE:________________________

LUNDI

CE QUE J'AI REMARQUÉ D'ÉCOLOGIQUEMENT HONTEUX:

____

____

MA BONNE ACTION ENVERS L'ENVIRONNEMENT:

____

____

MES DISCUSSIONS ENVIRONNEMENTALES_______________

____

____

<u>Mardi</u>

Ce que j'ai remarqué d'écologiquement honteux :

____
____

Ma bonne action envers l'environnement :

____
____

Mes discussions environnementales_______________

____
____

<u>Mercredi</u>

Ce que j'ai remarqué d'écologiquement honteux :

____
____

Ma bonne action envers l'environnement :

____

Mes discussions environnementales_______________

____
____

<u>Jeudi</u>

Ce que j'ai remarqué d'écologiquement honteux :

____
____

Ma bonne action envers l'environnement :

____
____

Mes discussions environnementales_______________

____
____

<u>Vendredi</u>

Ce que j'ai remarqué d'écologiquement honteux:

____

____

Ma bonne action envers l'environnement:

____

____

Mes discussions environnementales_____________

____

____

<u>Samedi</u>

Ce que j'ai remarqué d'écologiquement honteux:

____

____

Ma bonne action envers l'environnement:

____

____

Mes discussions environnementales_____________

____

____

<u>Dimanche</u>

Ce que j'ai remarqué d'écologiquement honteux:

____

____

Ma bonne action envers l'environnement:

____

____

Mes discussions environnementales_____________

____

____

Conclusion de cette semaine

____
____
____
____
____
____

<u>Mes engagements pour la semaine prochaine, et toutes les autres !</u>

____
____
____
____
____
____
____

SEMAINE N°   :

DATE:______________________

LUNDI

CE QUE J'AI REMARQUÉ D'ÉCOLOGIQUEMENT HONTEUX:

____
____

MA BONNE ACTION ENVERS L'ENVIRONNEMENT:

____
____

MES DISCUSSIONS ENVIRONNEMENTALES_______________
____
____

<u>Mardi</u>

Ce que j'ai remarqué d'écologiquement honteux:

____

____

Ma bonne action envers l'environnement:

____

____

Mes discussions environnementales_______________________

____

____

<u>Mercredi</u>

Ce que j'ai remarqué d'écologiquement honteux:

____

____

Ma bonne action envers l'environnement:

____

____

Mes discussions environnementales_______________________

____

____

<u>Jeudi</u>

Ce que j'ai remarqué d'écologiquement honteux:

____

____

Ma bonne action envers l'environnement:

____

____

Mes discussions environnementales_______________________

____

____

<u>Vendredi</u>

Ce que j'ai remarqué d'écologiquement honteux :

____

____

Ma bonne action envers l'environnement :

____

____

Mes discussions environnementales_______________

____

____

<u>Samedi</u>

Ce que j'ai remarqué d'écologiquement honteux :

____

____

Ma bonne action envers l'environnement :

____

____

Mes discussions environnementales_______________

____

____

<u>Dimanche</u>

Ce que j'ai remarqué d'écologiquement honteux :

____

____

Ma bonne action envers l'environnement :

____

____

Mes discussions environnementales_______________

____

____

CONCLUSION DE CETTE SEMAINE

MES ENGAGEMENTS POUR LA SEMAINE PROCHAINE, ET TOUTES LES AUTRES !

SEMAINE N° :

DATE: _______________________

LUNDI

CE QUE J'AI REMARQUÉ D'ÉCOLOGIQUEMENT HONTEUX:

____

____

MA BONNE ACTION ENVERS L'ENVIRONNEMENT:

____

____

MES DISCUSSIONS ENVIRONNEMENTALES_______________

____

____

Mardi

Ce que j'ai remarqué d'écologiquement honteux:

____

____

Ma bonne action envers l'environnement:

____

____

Mes discussions environnementales_______________________

____

____

Mercredi

Ce que j'ai remarqué d'écologiquement honteux:

____

____

Ma bonne action envers l'environnement:

____

____

Mes discussions environnementales_______________________

____

____

Jeudi

Ce que j'ai remarqué d'écologiquement honteux:

____

____

Ma bonne action envers l'environnement:

____

____

Mes discussions environnementales_______________________

____

____

Vendredi

Ce que j'ai remarqué d'écologiquement honteux:

____

____

Ma bonne action envers l'environnement:

____

____

Mes discussions environnementales________________

____

____

Samedi

Ce que j'ai remarqué d'écologiquement honteux:

____

____

Ma bonne action envers l'environnement:

____

____

Mes discussions environnementales________________

____

____

Dimanche

Ce que j'ai remarqué d'écologiquement honteux:

____

____

Ma bonne action envers l'environnement:

____

____

Mes discussions environnementales________________

____

____

Conclusion de cette semaine

Mes engagements pour la semaine prochaine, et toutes les autres !

<u>Semaine N°</u>   :

Date: ________________________

Lundi

Ce que j'ai remarqué d'écologiquement honteux:

____

____

Ma bonne action envers l'environnement:

____

____

Mes discussions environnementales________________

____

____

MARDI

Ce que j'ai remarqué d'écologiquement honteux :

____

____

Ma bonne action envers l'environnement :

____

____

Mes discussions environnementales_________________

____

____

MERCREDI

Ce que j'ai remarqué d'écologiquement honteux :

____

____

Ma bonne action envers l'environnement :

____

____

Mes discussions environnementales_________________

____

____

JEUDI

Ce que j'ai remarqué d'écologiquement honteux :

____

____

Ma bonne action envers l'environnement :

____

____

Mes discussions environnementales_________________

____

____

Vendredi

Ce que j'ai remarqué d'écologiquement honteux:

____

____

Ma bonne action envers l'environnement:

____

____

Mes discussions environnementales_______________

____

____

Samedi

Ce que j'ai remarqué d'écologiquement honteux:

____

____

Ma bonne action envers l'environnement:

____

____

Mes discussions environnementales_______________

____

____

Dimanche

Ce que j'ai remarqué d'écologiquement honteux:

____

____

Ma bonne action envers l'environnement:

____

____

Mes discussions environnementales_______________

____

____

CONCLUSION DE CETTE SEMAINE

MES ENGAGEMENTS POUR LA SEMAINE PROCHAINE, ET TOUTES LES AUTRES !

<u>SEMAINE N°</u>   :

DATE:_______________________

LUNDI

CE QUE J'AI REMARQUÉ D'ÉCOLOGIQUEMENT HONTEUX:

____
____

MA BONNE ACTION ENVERS L'ENVIRONNEMENT:

____
____

MES DISCUSSIONS ENVIRONNEMENTALES_______________________
____
____

Mardi

Ce que j'ai remarqué d'écologiquement honteux:

____

____

Ma bonne action envers l'environnement:

____

____

Mes discussions environnementales_______________

____

____

Mercredi

Ce que j'ai remarqué d'écologiquement honteux:

____

____

Ma bonne action envers l'environnement:

____

____

Mes discussions environnementales_______________

____

____

Jeudi

Ce que j'ai remarqué d'écologiquement honteux:

____

____

Ma bonne action envers l'environnement:

____

____

Mes discussions environnementales_______________

____

____

<u>Vendredi</u>

Ce que j'ai remarqué d'écologiquement honteux :

____

____

Ma bonne action envers l'environnement :

____

____

Mes discussions environnementales_______________

____

____

<u>Samedi</u>

Ce que j'ai remarqué d'écologiquement honteux :

____

____

Ma bonne action envers l'environnement :

____

____

Mes discussions environnementales_______________

____

____

<u>Dimanche</u>

Ce que j'ai remarqué d'écologiquement honteux :

____

____

Ma bonne action envers l'environnement :

____

____

Mes discussions environnementales_______________

____

____

Conclusion de cette semaine

Mes engagements pour la semaine prochaine, et toutes les autres !

<u>Semaine N°</u>   :

Date:_______________________

<u>Lundi</u>

Ce que j'ai remarqué d'écologiquement honteux:

____

____

Ma bonne action envers l'environnement:

____

____

Mes discussions environnementales_______________

____

____

<u>MARDI</u>

Ce que j'ai remarqué d'écologiquement honteux:

____

____

Ma bonne action envers l'environnement:

____

____

Mes discussions environnementales_______________

____

____

<u>MERCREDI</u>

Ce que j'ai remarqué d'écologiquement honteux:

____

____

Ma bonne action envers l'environnement:

____

____

Mes discussions environnementales_______________

____

____

<u>JEUDI</u>

Ce que j'ai remarqué d'écologiquement honteux:

____

____

Ma bonne action envers l'environnement:

____

____

Mes discussions environnementales_______________

____

____

VENDREDI

CE QUE J'AI REMARQUÉ D'ÉCOLOGIQUEMENT HONTEUX:

MA BONNE ACTION ENVERS L'ENVIRONNEMENT:

MES DISCUSSIONS ENVIRONNEMENTALES

SAMEDI

CE QUE J'AI REMARQUÉ D'ÉCOLOGIQUEMENT HONTEUX:

MA BONNE ACTION ENVERS L'ENVIRONNEMENT:

MES DISCUSSIONS ENVIRONNEMENTALES

DIMANCHE

CE QUE J'AI REMARQUÉ D'ÉCOLOGIQUEMENT HONTEUX:

MA BONNE ACTION ENVERS L'ENVIRONNEMENT:

MES DISCUSSIONS ENVIRONNEMENTALES

Conclusion de cette semaine

<u>Mes engagements pour la semaine prochaine, et toutes les autres !</u>

SEMAINE N°   :

DATE: _______________________

LUNDI

CE QUE J'AI REMARQUÉ D'ÉCOLOGIQUEMENT HONTEUX:

____
____

MA BONNE ACTION ENVERS L'ENVIRONNEMENT:

____
____

MES DISCUSSIONS ENVIRONNEMENTALES_______________
____
____

<u>Mardi</u>

Ce que j'ai remarqué d'écologiquement honteux:

____

____

Ma bonne action envers l'environnement:

____

____

Mes discussions environnementales_______________

____

____

<u>Mercredi</u>

Ce que j'ai remarqué d'écologiquement honteux:

____

____

Ma bonne action envers l'environnement:

____

____

Mes discussions environnementales_______________

____

<u>Jeudi</u>

Ce que j'ai remarqué d'écologiquement honteux:

____

____

Ma bonne action envers l'environnement:

____

____

Mes discussions environnementales_______________

____

____

Vendredi

Ce que j'ai remarqué d'écologiquement honteux:

____

____

Ma bonne action envers l'environnement:

____

____

Mes discussions environnementales_______________________

____

____

Samedi

Ce que j'ai remarqué d'écologiquement honteux:

____

____

Ma bonne action envers l'environnement:

____

____

Mes discussions environnementales_______________________

____

____

Dimanche

Ce que j'ai remarqué d'écologiquement honteux:

____

____

Ma bonne action envers l'environnement:

____

____

Mes discussions environnementales_______________________

____

____

CONCLUSION DE CETTE SEMAINE

<u>MES ENGAGEMENTS POUR LA SEMAINE PROCHAINE, ET TOUTES LES AUTRES !</u>

SEMAINE N°   :

DATE: __________________________

LUNDI

CE QUE J'AI REMARQUÉ D'ÉCOLOGIQUEMENT HONTEUX:

____

____

MA BONNE ACTION ENVERS L'ENVIRONNEMENT:

____

____

MES DISCUSSIONS ENVIRONNEMENTALES____________________

____

____

Mardi

Ce que j'ai remarqué d'écologiquement honteux:

____

____

Ma bonne action envers l'environnement:

____

____

Mes discussions environnementales_______________

____

____

Mercredi

Ce que j'ai remarqué d'écologiquement honteux:

____

____

Ma bonne action envers l'environnement:

____

____

Mes discussions environnementales_______________

____

____

Jeudi

Ce que j'ai remarqué d'écologiquement honteux:

____

____

Ma bonne action envers l'environnement:

____

____

Mes discussions environnementales_______________

____

____

<u>Vendredi</u>

Ce que j'ai remarqué d'écologiquement honteux :

____

____

Ma bonne action envers l'environnement :

____

____

Mes discussions environnementales_______________

____

____

<u>Samedi</u>

Ce que j'ai remarqué d'écologiquement honteux :

____

____

Ma bonne action envers l'environnement :

____

____

Mes discussions environnementales_______________

____

____

<u>Dimanche</u>

Ce que j'ai remarqué d'écologiquement honteux :

____

____

Ma bonne action envers l'environnement :

____

____

Mes discussions environnementales_______________

____

____

CONCLUSION DE CETTE SEMAINE

MES ENGAGEMENTS POUR LA SEMAINE PROCHAINE, ET TOUTES LES AUTRES !

Semaine N°   :

Date: ___________________________

Lundi

Ce que j'ai remarqué d'écologiquement honteux:

____

____

Ma bonne action envers l'environnement:

____

____

Mes discussions environnementales _________________

____

____

MARDI

Ce que j'ai remarqué d'écologiquement honteux:

____

____

Ma bonne action envers l'environnement:

____

____

Mes discussions environnementales_______________

____

____

MERCREDI

Ce que j'ai remarqué d'écologiquement honteux:

____

____

Ma bonne action envers l'environnement:

____

____

Mes discussions environnementales_______________

____

____

JEUDI

Ce que j'ai remarqué d'écologiquement honteux:

____

____

Ma bonne action envers l'environnement:

____

____

Mes discussions environnementales_______________

____

____

<u>Vendredi</u>

Ce que j'ai remarqué d'écologiquement honteux :

Ma bonne action envers l'environnement :

Mes discussions environnementales

<u>Samedi</u>

Ce que j'ai remarqué d'écologiquement honteux :

Ma bonne action envers l'environnement :

Mes discussions environnementales

<u>Dimanche</u>

Ce que j'ai remarqué d'écologiquement honteux :

Ma bonne action envers l'environnement :

Mes discussions environnementales

CONCLUSION DE CETTE SEMAINE

MES ENGAGEMENTS POUR LA SEMAINE PROCHAINE, ET TOUTES LES AUTRES !

SEMAINE N° :

DATE:_______________________

LUNDI

CE QUE J'AI REMARQUÉ D'ÉCOLOGIQUEMENT HONTEUX:

____

____

MA BONNE ACTION ENVERS L'ENVIRONNEMENT:

____

____

MES DISCUSSIONS ENVIRONNEMENTALES_______________

____

____

Mardi

Ce que j'ai remarqué d'écologiquement honteux :

____

____

Ma bonne action envers l'environnement :

____

____

Mes discussions environnementales_______________

____

____

Mercredi

Ce que j'ai remarqué d'écologiquement honteux :

____

____

Ma bonne action envers l'environnement :

____

____

Mes discussions environnementales_______________

____

Jeudi

Ce que j'ai remarqué d'écologiquement honteux :

____

____

Ma bonne action envers l'environnement :

____

____

Mes discussions environnementales_______________

____

____

Vendredi

Ce que j'ai remarqué d'écologiquement honteux:

____

____

Ma bonne action envers l'environnement:

____

____

Mes discussions environnementales_______________

____

____

Samedi

Ce que j'ai remarqué d'écologiquement honteux:

____

____

Ma bonne action envers l'environnement:

____

____

Mes discussions environnementales_______________

____

____

Dimanche

Ce que j'ai remarqué d'écologiquement honteux:

____

____

Ma bonne action envers l'environnement:

____

____

Mes discussions environnementales_______________

____

____

CONCLUSION DE CETTE SEMAINE

<u>MES ENGAGEMENTS POUR LA SEMAINE PROCHAINE, ET TOUTES LES AUTRES !</u>

<u>Semaine n°</u>   :

Date: _______________________

<u>Lundi</u>

Ce que j'ai remarqué d'écologiquement honteux:

____

____

Ma bonne action envers l'environnement:

____

____

Mes discussions environnementales_______________

____

____

Mardi

Ce que j'ai remarqué d'écologiquement honteux:

____

____

Ma bonne action envers l'environnement:

____

____

Mes discussions environnementales_______________

____

____

Mercredi

Ce que j'ai remarqué d'écologiquement honteux:

____

____

Ma bonne action envers l'environnement:

____

Mes discussions environnementales_______________

____

____

Jeudi

Ce que j'ai remarqué d'écologiquement honteux:

____

____

Ma bonne action envers l'environnement:

____

____

Mes discussions environnementales_______________

____

____

<u>Vendredi</u>

Ce que j'ai remarqué d'écologiquement honteux:

____

____

Ma bonne action envers l'environnement:

____

____

Mes discussions environnementales________________

____

____

<u>Samedi</u>

Ce que j'ai remarqué d'écologiquement honteux:

____

____

Ma bonne action envers l'environnement:

____

____

Mes discussions environnementales________________

____

____

<u>Dimanche</u>

Ce que j'ai remarqué d'écologiquement honteux:

____

____

Ma bonne action envers l'environnement:

____

____

Mes discussions environnementales________________

____

____

Conclusion de cette semaine

SEMAINE N°   :

DATE: _______________________________

LUNDI

Ce que j'ai remarqué d'écologiquement honteux:

____

____

Ma bonne action envers l'environnement:

____

____

Mes discussions environnementales_______________________________

____

____

MARDI

Ce que j'ai remarqué d'écologiquement honteux :

____

____

Ma bonne action envers l'environnement :

____

____

Mes discussions environnementales___________________

____

____

MERCREDI

Ce que j'ai remarqué d'écologiquement honteux :

____

____

Ma bonne action envers l'environnement :

____

____

Mes discussions environnementales___________________

____

____

JEUDI

Ce que j'ai remarqué d'écologiquement honteux :

____

____

Ma bonne action envers l'environnement :

____

____

Mes discussions environnementales___________________

____

____

Vendredi

Ce que j'ai remarqué d'écologiquement honteux :

____

____

Ma bonne action envers l'environnement :

____

____

Mes discussions environnementales___________________

____

____

Samedi

Ce que j'ai remarqué d'écologiquement honteux :

____

____

Ma bonne action envers l'environnement :

____

____

Mes discussions environnementales___________________

____

____

Dimanche

Ce que j'ai remarqué d'écologiquement honteux :

____

____

Ma bonne action envers l'environnement :

____

____

Mes discussions environnementales___________________

____

____

CONCLUSION DE CETTE SEMAINE

MES ENGAGEMENTS POUR LA SEMAINE PROCHAINE, ET TOUTES LES AUTRES !

<u>Semaine N°</u>   :

Date:______________________

<u>Lundi</u>

Ce que j'ai remarqué d'écologiquement honteux:

____
____

Ma bonne action envers l'environnement:

____
____

Mes discussions environnementales________________
____
____

<u>Mardi</u>

Ce que j'ai remarqué d'écologiquement honteux:

____

____

Ma bonne action envers l'environnement:

____

____

Mes discussions environnementales________________

____

____

<u>Mercredi</u>

Ce que j'ai remarqué d'écologiquement honteux:

____

____

Ma bonne action envers l'environnement:

____

____

Mes discussions environnementales________________

____

____

<u>Jeudi</u>

Ce que j'ai remarqué d'écologiquement honteux:

____

____

Ma bonne action envers l'environnement:

____

____

Mes discussions environnementales________________

____

____

<h1 style="text-align:center"><u>VENDREDI</u></h1>

CE QUE J'AI REMARQUÉ D'ÉCOLOGIQUEMENT HONTEUX :

____

____

MA BONNE ACTION ENVERS L'ENVIRONNEMENT :

____

____

MES DISCUSSIONS ENVIRONNEMENTALES___________________

____

____

<h1 style="text-align:center"><u>SAMEDI</u></h1>

CE QUE J'AI REMARQUÉ D'ÉCOLOGIQUEMENT HONTEUX :

____

____

MA BONNE ACTION ENVERS L'ENVIRONNEMENT :

____

MES DISCUSSIONS ENVIRONNEMENTALES___________________

____

____

<h1 style="text-align:center"><u>DIMANCHE</u></h1>

CE QUE J'AI REMARQUÉ D'ÉCOLOGIQUEMENT HONTEUX :

____

____

MA BONNE ACTION ENVERS L'ENVIRONNEMENT :

____

____

MES DISCUSSIONS ENVIRONNEMENTALES___________________

____

____

CONCLUSION DE CETTE SEMAINE

<u>MES ENGAGEMENTS POUR LA SEMAINE PROCHAINE, ET TOUTES LES AUTRES !</u>

<u>Semaine N°</u> :

Date: _______________________

<u>Lundi</u>

Ce que j'ai remarqué d'écologiquement honteux:

____
____

Ma bonne action envers l'environnement:

____
____

Mes discussions environnementales _______________________

____
____

<u>Mardi</u>

Ce que j'ai remarqué d'écologiquement honteux :

____

____

Ma bonne action envers l'environnement :

____

____

Mes discussions environnementales________________

____

____

<u>Mercredi</u>

Ce que j'ai remarqué d'écologiquement honteux :

____

____

Ma bonne action envers l'environnement :

____

____

Mes discussions environnementales________________

____

____

<u>Jeudi</u>

Ce que j'ai remarqué d'écologiquement honteux :

____

____

Ma bonne action envers l'environnement :

____

____

Mes discussions environnementales________________

____

____

<u>Vendredi</u>

Ce que j'ai remarqué d'écologiquement honteux :

____

____

Ma bonne action envers l'environnement :

____

____

Mes discussions environnementales_______________

____

____

<u>Samedi</u>

Ce que j'ai remarqué d'écologiquement honteux :

____

____

Ma bonne action envers l'environnement :

____

____

Mes discussions environnementales_______________

____

____

<u>Dimanche</u>

Ce que j'ai remarqué d'écologiquement honteux :

____

____

Ma bonne action envers l'environnement :

____

____

Mes discussions environnementales_______________

____

____

Conclusion de cette semaine

<u>Mes engagements pour la semaine prochaine, et toutes les autres !</u>

SEMAINE N° :

DATE:

NOTRE "IDÉE ENVIRONNEMENT" DE LA SEMAINE:

Videz votre boîte mail une fois par semaine ! Le stockage de mails inutiles consomme !

LUNDI

CE QUE J'AI REMARQUÉ D'ÉCOLOGIQUEMENT HONTEUX:

MA BONNE ACTION ENVERS L'ENVIRONNEMENT:

MES DISCUSSIONS ENVIRONNEMENTALES

<u>Mardi</u>

Ce que j'ai remarqué d'écologiquement honteux :

Ma bonne action envers l'environnement :

Mes discussions environnementales____________________

<u>Mercredi</u>

Ce que j'ai remarqué d'écologiquement honteux :

Ma bonne action envers l'environnement :

Mes discussions environnementales____________________

<u>Jeudi</u>

Ce que j'ai remarqué d'écologiquement honteux :

Ma bonne action envers l'environnement :

Mes discussions environnementales____________________

<u>Vendredi</u>

Ce que j'ai remarqué d'écologiquement honteux :

____

____

Ma bonne action envers l'environnement :

____

____

Mes discussions environnementales_______________

____

____

<u>Samedi</u>

Ce que j'ai remarqué d'écologiquement honteux :

____

____

Ma bonne action envers l'environnement :

____

____

Mes discussions environnementales_______________

____

____

<u>Dimanche</u>

Ce que j'ai remarqué d'écologiquement honteux :

____

____

Ma bonne action envers l'environnement :

____

____

Mes discussions environnementales_______________

____

____

Conclusion de cette semaine

<u>Mes engagements pour la semaine prochaine, et toutes les autres !</u>

SEMAINE N°   :

DATE:________________________________

LUNDI

CE QUE J'AI REMARQUÉ D'ÉCOLOGIQUEMENT HONTEUX:

____

____

MA BONNE ACTION ENVERS L'ENVIRONNEMENT:

____

____

MES DISCUSSIONS ENVIRONNEMENTALES________________________

____

____

<u>Mardi</u>

Ce que j'ai remarqué d'écologiquement honteux:

____

____

Ma bonne action envers l'environnement:

____

____

Mes discussions environnementales_____________

____

____

<u>Mercredi</u>

Ce que j'ai remarqué d'écologiquement honteux:

____

____

Ma bonne action envers l'environnement:

____

____

Mes discussions environnementales_____________

____

____

<u>Jeudi</u>

Ce que j'ai remarqué d'écologiquement honteux:

____

____

Ma bonne action envers l'environnement:

____

____

Mes discussions environnementales_____________

____

____

VENDREDI

Ce que j'ai remarqué d'écologiquement honteux:

____

____

Ma bonne action envers l'environnement:

____

____

Mes discussions environnementales_______________

____

____

SAMEDI

Ce que j'ai remarqué d'écologiquement honteux:

____

____

Ma bonne action envers l'environnement:

____

____

Mes discussions environnementales_______________

____

____

DIMANCHE

Ce que j'ai remarqué d'écologiquement honteux:

____

____

Ma bonne action envers l'environnement:

____

____

Mes discussions environnementales_______________

____

____

Conclusion de cette semaine

<u>Semaine N°</u>   :

Date:______________________

<u>Lundi</u>

Ce que j'ai remarqué d'écologiquement honteux:

____
____

Ma bonne action envers l'environnement:

____
____

Mes discussions environnementales______________________
____
____

Mardi

Ce que j'ai remarqué d'écologiquement honteux :

____

____

Ma bonne action envers l'environnement :

____

____

Mes discussions environnementales_______________

____

____

Mercredi

Ce que j'ai remarqué d'écologiquement honteux :

____

____

Ma bonne action envers l'environnement :

____

____

Mes discussions environnementales_______________

____

____

Jeudi

Ce que j'ai remarqué d'écologiquement honteux :

____

____

Ma bonne action envers l'environnement :

____

____

Mes discussions environnementales_______________

____

____

<u>Vendredi</u>

Ce que j'ai remarqué d'écologiquement honteux:

____

____

Ma bonne action envers l'environnement:

____

____

Mes discussions environnementales_______________

____

____

<u>Samedi</u>

Ce que j'ai remarqué d'écologiquement honteux:

____

____

Ma bonne action envers l'environnement:

____

____

Mes discussions environnementales_______________

____

____

<u>Dimanche</u>

Ce que j'ai remarqué d'écologiquement honteux:

____

____

Ma bonne action envers l'environnement:

____

____

Mes discussions environnementales_______________

____

____

CONCLUSION DE CETTE SEMAINE

MES ENGAGEMENTS POUR LA SEMAINE PROCHAINE, ET TOUTES LES AUTRES !

<u>Semaine N°</u> :

Date: _______________________

<u>Lundi</u>

Ce que j'ai remarqué d'écologiquement honteux:

____
____

Ma bonne action envers l'environnement:

____
____

Mes discussions environnementales_______________________
____
____

<u>Mardi</u>

Ce que j'ai remarqué d'écologiquement honteux :

____

____

Ma bonne action envers l'environnement :

____

____

Mes discussions environnementales_______________

____

____

<u>Mercredi</u>

Ce que j'ai remarqué d'écologiquement honteux :

____

____

Ma bonne action envers l'environnement :

____

____

Mes discussions environnementales_______________

____

____

<u>Jeudi</u>

Ce que j'ai remarqué d'écologiquement honteux :

____

____

Ma bonne action envers l'environnement :

____

____

Mes discussions environnementales_______________

____

____

Vendredi

Ce que j'ai remarqué d'écologiquement honteux:

____

____

Ma bonne action envers l'environnement:

____

____

Mes discussions environnementales_______________________

____

____

Samedi

Ce que j'ai remarqué d'écologiquement honteux:

____

____

Ma bonne action envers l'environnement:

____

____

Mes discussions environnementales_______________________

____

____

Dimanche

Ce que j'ai remarqué d'écologiquement honteux:

____

____

Ma bonne action envers l'environnement:

____

____

Mes discussions environnementales_______________________

____

____

Conclusion de cette semaine

<u>Mes engagements pour la semaine prochaine</u>, et toutes les autres !

SEMAINE N°   :

DATE:_______________________

LUNDI

CE QUE J'AI REMARQUÉ D'ÉCOLOGIQUEMENT HONTEUX:

____
____

MA BONNE ACTION ENVERS L'ENVIRONNEMENT:

____
____

MES DISCUSSIONS ENVIRONNEMENTALES_______________

____
____

Mardi

Ce que j'ai remarqué d'écologiquement honteux:

____

____

Ma bonne action envers l'environnement:

____

____

Mes discussions environnementales_______________________

____

____

Mercredi

Ce que j'ai remarqué d'écologiquement honteux:

____

____

Ma bonne action envers l'environnement:

____

____

Mes discussions environnementales_______________________

____

____

Jeudi

Ce que j'ai remarqué d'écologiquement honteux:

____

____

Ma bonne action envers l'environnement:

____

____

Mes discussions environnementales_______________________

____

____

Vendredi

Ce que j'ai remarqué d'écologiquement honteux:

____

____

Ma bonne action envers l'environnement:

____

____

Mes discussions environnementales_________________

____

____

Samedi

Ce que j'ai remarqué d'écologiquement honteux:

____

____

Ma bonne action envers l'environnement:

____

____

Mes discussions environnementales_________________

____

____

Dimanche

Ce que j'ai remarqué d'écologiquement honteux:

____

____

Ma bonne action envers l'environnement:

____

____

Mes discussions environnementales_________________

____

____

CONCLUSION DE CETTE SEMAINE

<u>MES ENGAGEMENTS POUR LA SEMAINE PROCHAINE, ET TOUTES LES AUTRES !</u>

Semaine N°   :

Date: _______________________

Lundi

Ce que j'ai remarqué d'écologiquement honteux:

____

____

Ma bonne action envers l'environnement:

____

____

Mes discussions environnementales _______________________

____

____

Mardi

Ce que j'ai remarqué d'écologiquement honteux:

____

____

Ma bonne action envers l'environnement:

____

____

Mes discussions environnementales________________

____

____

Mercredi

Ce que j'ai remarqué d'écologiquement honteux:

____

____

Ma bonne action envers l'environnement:

____

____

Mes discussions environnementales________________

____

____

Jeudi

Ce que j'ai remarqué d'écologiquement honteux:

____

____

Ma bonne action envers l'environnement:

____

____

Mes discussions environnementales________________

____

____

Vendredi

Ce que j'ai remarqué d'écologiquement honteux :

____

____

Ma bonne action envers l'environnement :

____

____

Mes discussions environnementales________________

____

____

Samedi

Ce que j'ai remarqué d'écologiquement honteux :

____

____

Ma bonne action envers l'environnement :

____

____

Mes discussions environnementales________________

____

____

Dimanche

Ce que j'ai remarqué d'écologiquement honteux :

____

____

Ma bonne action envers l'environnement :

____

____

Mes discussions environnementales________________

____

____

CONCLUSION DE CETTE SEMAINE

<u>MES ENGAGEMENTS POUR LA SEMAINE PROCHAINE, ET TOUTES LES AUTRES !</u>

<u>**SEMAINE N°**</u>   :

DATE:_______________________________

<u>LUNDI</u>

CE QUE J'AI REMARQUÉ D'ÉCOLOGIQUEMENT HONTEUX:

____
____

MA BONNE ACTION ENVERS L'ENVIRONNEMENT:

____
____

MES DISCUSSIONS ENVIRONNEMENTALES_______________
____
____

Mardi

Ce que j'ai remarqué d'écologiquement honteux:

____

____

Ma bonne action envers l'environnement:

____

____

Mes discussions environnementales_______________

____

____

Mercredi

Ce que j'ai remarqué d'écologiquement honteux:

____

____

Ma bonne action envers l'environnement:

____

____

Mes discussions environnementales_______________

____

____

Jeudi

Ce que j'ai remarqué d'écologiquement honteux:

____

____

Ma bonne action envers l'environnement:

____

____

Mes discussions environnementales_______________

____

____

Vendredi

Ce que j'ai remarqué d'écologiquement honteux :

____

____

Ma bonne action envers l'environnement :

____

____

Mes discussions environnementales_______________

____

____

Samedi

Ce que j'ai remarqué d'écologiquement honteux :

____

____

Ma bonne action envers l'environnement :

____

____

Mes discussions environnementales_______________

____

____

Dimanche

Ce que j'ai remarqué d'écologiquement honteux :

____

____

Ma bonne action envers l'environnement :

____

____

Mes discussions environnementales_______________

____

____

CONCLUSION DE CETTE SEMAINE

MES ENGAGEMENTS POUR LA SEMAINE PROCHAINE, ET TOUTES LES AUTRES !

SEMAINE N° ____ :

DATE: ________________________

LUNDI

CE QUE J'AI REMARQUÉ D'ÉCOLOGIQUEMENT HONTEUX:

____
____

MA BONNE ACTION ENVERS L'ENVIRONNEMENT:

____
____

MES DISCUSSIONS ENVIRONNEMENTALES________________

____
____

MARDI

Ce que j'ai remarqué d'écologiquement honteux:

____

____

Ma bonne action envers l'environnement:

____

____

Mes discussions environnementales_______________

____

____

MERCREDI

Ce que j'ai remarqué d'écologiquement honteux:

____

____

Ma bonne action envers l'environnement:

____

____

Mes discussions environnementales_______________

____

JEUDI

Ce que j'ai remarqué d'écologiquement honteux:

____

____

Ma bonne action envers l'environnement:

____

____

Mes discussions environnementales_______________

____

Vendredi

Ce que j'ai remarqué d'écologiquement honteux:

____

____

Ma bonne action envers l'environnement:

____

____

Mes discussions environnementales_______________

____

____

Samedi

Ce que j'ai remarqué d'écologiquement honteux:

____

____

Ma bonne action envers l'environnement:

____

____

Mes discussions environnementales_______________

____

____

Dimanche

Ce que j'ai remarqué d'écologiquement honteux:

____

____

Ma bonne action envers l'environnement:

____

____

Mes discussions environnementales_______________

____

____

CONCLUSION DE CETTE SEMAINE

<u>MES ENGAGEMENTS POUR LA SEMAINE PROCHAINE, ET TOUTES LES AUTRES !</u>

<u>SEMAINE N°</u> :

DATE: _______________________

<u>LUNDI</u>

CE QUE J'AI REMARQUÉ D'ÉCOLOGIQUEMENT HONTEUX:

____
____

MA BONNE ACTION ENVERS L'ENVIRONNEMENT:

____
____

MES DISCUSSIONS ENVIRONNEMENTALES _______________________
____
____

<u>Mardi</u>

Ce que j'ai remarqué d'écologiquement honteux :

____

____

Ma bonne action envers l'environnement :

____

____

Mes discussions environnementales_______________

____

____

<u>Mercredi</u>

Ce que j'ai remarqué d'écologiquement honteux :

____

____

Ma bonne action envers l'environnement :

____

____

Mes discussions environnementales_______________

____

____

<u>Jeudi</u>

Ce que j'ai remarqué d'écologiquement honteux :

____

____

Ma bonne action envers l'environnement :

____

____

Mes discussions environnementales_______________

____

____

<u>Vendredi</u>

Ce que j'ai remarqué d'écologiquement honteux:

____

____

Ma bonne action envers l'environnement:

____

____

Mes discussions environnementales____________________

____

____

<u>Samedi</u>

Ce que j'ai remarqué d'écologiquement honteux:

____

____

Ma bonne action envers l'environnement:

____

____

Mes discussions environnementales____________________

____

____

<u>Dimanche</u>

Ce que j'ai remarqué d'écologiquement honteux:

____

____

Ma bonne action envers l'environnement:

____

____

Mes discussions environnementales____________________

____

____

CONCLUSION DE CETTE SEMAINE

<u>MES ENGAGEMENTS POUR LA SEMAINE PROCHAINE, ET TOUTES LES AUTRES !</u>

<u># SEMAINE N°   :</u>

DATE:_______________________

<u>LUNDI</u>

CE QUE J'AI REMARQUÉ D'ÉCOLOGIQUEMENT HONTEUX:

____
____

MA BONNE ACTION ENVERS L'ENVIRONNEMENT:

____
____

MES DISCUSSIONS ENVIRONNEMENTALES_______________
____
____

MARDI

Ce que j'ai remarqué d'écologiquement honteux :

____

____

Ma bonne action envers l'environnement :

____

____

Mes discussions environnementales______________

____

____

MERCREDI

Ce que j'ai remarqué d'écologiquement honteux :

____

____

Ma bonne action envers l'environnement :

____

____

Mes discussions environnementales______________

____

____

JEUDI

Ce que j'ai remarqué d'écologiquement honteux :

____

____

Ma bonne action envers l'environnement :

____

____

Mes discussions environnementales______________

____

____

<u>Vendredi</u>

Ce que j'ai remarqué d'écologiquement honteux :

____

____

Ma bonne action envers l'environnement :

____

____

Mes discussions environnementales_____________

____

____

<u>Samedi</u>

Ce que j'ai remarqué d'écologiquement honteux :

____

____

Ma bonne action envers l'environnement :

____

____

Mes discussions environnementales_____________

____

____

<u>Dimanche</u>

Ce que j'ai remarqué d'écologiquement honteux :

____

____

Ma bonne action envers l'environnement :

____

____

Mes discussions environnementales_____________

____

____

Conclusion de cette semaine

SEMAINE N° ____ :

DATE: ________________________________

LUNDI

Ce que j'ai remarqué d'écologiquement honteux:

____
____

Ma bonne action envers l'environnement:

____
____

Mes discussions environnementales ________________
____
____

Mardi

Ce que j'ai remarqué d'écologiquement honteux:

____

____

Ma bonne action envers l'environnement:

____

____

Mes discussions environnementales_______________

____

____

Mercredi

Ce que j'ai remarqué d'écologiquement honteux:

____

____

Ma bonne action envers l'environnement:

____

____

Mes discussions environnementales_______________

____

____

Jeudi

Ce que j'ai remarqué d'écologiquement honteux:

____

____

Ma bonne action envers l'environnement:

____

____

Mes discussions environnementales_______________

____

____

Vendredi

Ce que j'ai remarqué d'écologiquement honteux:

____

____

Ma bonne action envers l'environnement:

____

____

Mes discussions environnementales_______________

____

____

Samedi

Ce que j'ai remarqué d'écologiquement honteux:

____

____

Ma bonne action envers l'environnement:

____

____

Mes discussions environnementales_______________

____

____

Dimanche

Ce que j'ai remarqué d'écologiquement honteux:

____

____

Ma bonne action envers l'environnement:

____

____

Mes discussions environnementales_______________

____

____

CONCLUSION DE CETTE SEMAINE

<u>MES ENGAGEMENTS POUR LA SEMAINE PROCHAINE, ET TOUTES LES AUTRES !</u>

Semaine N°   :

Date:________________________

Lundi

Ce que j'ai remarqué d'écologiquement honteux :

____
____

Ma bonne action envers l'environnement :

____
____

Mes discussions environnementales________________________
____
____

<u>Mardi</u>

Ce que j'ai remarqué d'écologiquement honteux :

____

____

Ma bonne action envers l'environnement :

____

____

Mes discussions environnementales_______________

____

____

<u>Mercredi</u>

Ce que j'ai remarqué d'écologiquement honteux :

____

____

Ma bonne action envers l'environnement :

____

____

Mes discussions environnementales_______________

____

____

<u>Jeudi</u>

Ce que j'ai remarqué d'écologiquement honteux :

____

____

Ma bonne action envers l'environnement :

____

____

Mes discussions environnementales_______________

____

____

Vendredi

Ce que j'ai remarqué d'écologiquement honteux :

____

____

Ma bonne action envers l'environnement :

____

____

Mes discussions environnementales_______________________

____

____

Samedi

Ce que j'ai remarqué d'écologiquement honteux :

____

____

Ma bonne action envers l'environnement :

____

____

Mes discussions environnementales_______________________

____

____

Dimanche

Ce que j'ai remarqué d'écologiquement honteux :

____

____

Ma bonne action envers l'environnement :

____

____

Mes discussions environnementales_______________________

____

____

CONCLUSION DE CETTE SEMAINE

<u>MES ENGAGEMENTS POUR LA SEMAINE PROCHAINE, ET TOUTES LES AUTRES !</u>

<u>SEMAINE N°</u>   :

DATE:______________________

<u>NOTRE "IDÉE ENVIRONNEMENT" DE LA SEMAINE:</u>

Pensez-y à deux fois avant d'imprimer un document !

<u>LUNDI</u>

CE QUE J'AI REMARQUÉ D'ÉCOLOGIQUEMENT HONTEUX:

____

____

MA BONNE ACTION ENVERS L'ENVIRONNEMENT:

____

____

MES DISCUSSIONS ENVIRONNEMENTALES______________________

____

____

MARDI

Ce que j'ai remarqué d'écologiquement honteux:

____

____

Ma bonne action envers l'environnement:

____

____

Mes discussions environnementales_______________

____

____

MERCREDI

Ce que j'ai remarqué d'écologiquement honteux:

____

____

Ma bonne action envers l'environnement:

____

____

Mes discussions environnementales_______________

____

____

JEUDI

Ce que j'ai remarqué d'écologiquement honteux:

____

____

Ma bonne action envers l'environnement:

____

____

Mes discussions environnementales_______________

____

____

<u>Vendredi</u>

Ce que j'ai remarqué d'écologiquement honteux :

____

____

Ma bonne action envers l'environnement :

____

____

Mes discussions environnementales____________________

____

____

<u>Samedi</u>

Ce que j'ai remarqué d'écologiquement honteux :

____

____

Ma bonne action envers l'environnement :

____

____

Mes discussions environnementales____________________

____

____

<u>Dimanche</u>

Ce que j'ai remarqué d'écologiquement honteux :

____

____

Ma bonne action envers l'environnement :

____

____

Mes discussions environnementales____________________

____

____

CONCLUSION DE CETTE SEMAINE

MES ENGAGEMENTS POUR LA SEMAINE PROCHAINE, ET TOUTES LES AUTRES !

SEMAINE N°   :

DATE:________________________

LUNDI

CE QUE J'AI REMARQUÉ D'ÉCOLOGIQUEMENT HONTEUX:

____
____

MA BONNE ACTION ENVERS L'ENVIRONNEMENT:

____
____

MES DISCUSSIONS ENVIRONNEMENTALES________________
____
____

Mardi

Ce que j'ai remarqué d'écologiquement honteux :

____

____

Ma bonne action envers l'environnement :

____

____

Mes discussions environnementales_________________

____

____

Mercredi

Ce que j'ai remarqué d'écologiquement honteux :

____

____

Ma bonne action envers l'environnement :

____

____

Mes discussions environnementales_________________

____

____

Jeudi

Ce que j'ai remarqué d'écologiquement honteux :

____

____

Ma bonne action envers l'environnement :

____

____

Mes discussions environnementales_________________

____

____

Vendredi

Ce que j'ai remarqué d'écologiquement honteux :

____

____

Ma bonne action envers l'environnement :

____

____

Mes discussions environnementales_______________

____

____

Samedi

Ce que j'ai remarqué d'écologiquement honteux :

____

____

Ma bonne action envers l'environnement :

____

____

Mes discussions environnementales_______________

____

____

Dimanche

Ce que j'ai remarqué d'écologiquement honteux :

____

____

Ma bonne action envers l'environnement :

____

____

Mes discussions environnementales_______________

____

____

Conclusion de cette semaine

<u>Mes engagements pour la semaine prochaine, et toutes les autres !</u>

SEMAINE N°   :

DATE:________________________________

LUNDI

CE QUE J'AI REMARQUÉ D'ÉCOLOGIQUEMENT HONTEUX:

____
____

MA BONNE ACTION ENVERS L'ENVIRONNEMENT:

____
____

MES DISCUSSIONS ENVIRONNEMENTALES________________
____
____

MARDI

CE QUE J'AI REMARQUÉ D'ÉCOLOGIQUEMENT HONTEUX :

MA BONNE ACTION ENVERS L'ENVIRONNEMENT :

MES DISCUSSIONS ENVIRONNEMENTALES

MERCREDI

CE QUE J'AI REMARQUÉ D'ÉCOLOGIQUEMENT HONTEUX :

MA BONNE ACTION ENVERS L'ENVIRONNEMENT :

MES DISCUSSIONS ENVIRONNEMENTALES

JEUDI

CE QUE J'AI REMARQUÉ D'ÉCOLOGIQUEMENT HONTEUX :

MA BONNE ACTION ENVERS L'ENVIRONNEMENT :

MES DISCUSSIONS ENVIRONNEMENTALES

Vendredi

Ce que j'ai remarqué d'écologiquement honteux :

____

____

Ma bonne action envers l'environnement :

____

____

Mes discussions environnementales_______________________

____

____

Samedi

Ce que j'ai remarqué d'écologiquement honteux :

____

____

Ma bonne action envers l'environnement :

____

____

Mes discussions environnementales_______________________

____

____

Dimanche

Ce que j'ai remarqué d'écologiquement honteux :

____

____

Ma bonne action envers l'environnement :

____

____

Mes discussions environnementales_______________________

____

____

CONCLUSION DE CETTE SEMAINE

<u>Semaine n°</u>   :

Date:_______________________

<u>Lundi</u>

Ce que j'ai remarqué d'écologiquement honteux:

____
____

Ma bonne action envers l'environnement:

____
____

Mes discussions environnementales________________
____
____

Mardi

Ce que j'ai remarqué d'écologiquement honteux :

____

____

Ma bonne action envers l'environnement :

____

____

Mes discussions environnementales_______________

____

____

Mercredi

Ce que j'ai remarqué d'écologiquement honteux :

____

____

Ma bonne action envers l'environnement :

____

____

Mes discussions environnementales_______________

____

____

Jeudi

Ce que j'ai remarqué d'écologiquement honteux :

____

____

Ma bonne action envers l'environnement :

____

____

Mes discussions environnementales_______________

____

____

Vendredi

Ce que j'ai remarqué d'écologiquement honteux:

____

____

Ma bonne action envers l'environnement:

____

____

Mes discussions environnementales_______________

____

____

Samedi

Ce que j'ai remarqué d'écologiquement honteux:

____

____

Ma bonne action envers l'environnement:

____

____

Mes discussions environnementales_______________

____

____

Dimanche

Ce que j'ai remarqué d'écologiquement honteux:

____

____

Ma bonne action envers l'environnement:

____

____

Mes discussions environnementales_______________

____

____

Conclusion de cette semaine

Mes engagements pour la semaine prochaine, et toutes les autres !

SEMAINE N°   :

DATE:_________________________

LUNDI

CE QUE J'AI REMARQUÉ D'ÉCOLOGIQUEMENT HONTEUX:

____
____

MA BONNE ACTION ENVERS L'ENVIRONNEMENT:

____
____

MES DISCUSSIONS ENVIRONNEMENTALES_______________
____
____

Mardi

Ce que j'ai remarqué d'écologiquement honteux:

____

____

Ma bonne action envers l'environnement:

____

____

Mes discussions environnementales_______________________

____

____

Mercredi

Ce que j'ai remarqué d'écologiquement honteux:

____

____

Ma bonne action envers l'environnement:

____

____

Mes discussions environnementales_______________________

____

____

Jeudi

Ce que j'ai remarqué d'écologiquement honteux:

____

____

Ma bonne action envers l'environnement:

____

____

Mes discussions environnementales_______________________

____

____

<u>Vendredi</u>

Ce que j'ai remarqué d'écologiquement honteux :

____

____

Ma bonne action envers l'environnement :

____

____

Mes discussions environnementales_______________

____

____

<u>Samedi</u>

Ce que j'ai remarqué d'écologiquement honteux :

____

____

Ma bonne action envers l'environnement :

____

____

Mes discussions environnementales_______________

____

____

<u>Dimanche</u>

Ce que j'ai remarqué d'écologiquement honteux :

____

____

Ma bonne action envers l'environnement :

____

____

Mes discussions environnementales_______________

____

____

CONCLUSION DE CETTE SEMAINE

MES ENGAGEMENTS POUR LA SEMAINE PROCHAINE, ET TOUTES LES AUTRES !

SEMAINE N° :

DATE:________________________

LUNDI

CE QUE J'AI REMARQUÉ D'ÉCOLOGIQUEMENT HONTEUX:

____

____

MA BONNE ACTION ENVERS L'ENVIRONNEMENT:

____

____

MES DISCUSSIONS ENVIRONNEMENTALES________________

____

____

Mardi

Ce que j'ai remarqué d'écologiquement honteux:

____

____

Ma bonne action envers l'environnement:

____

____

Mes discussions environnementales_______________________

____

____

Mercredi

Ce que j'ai remarqué d'écologiquement honteux:

____

____

Ma bonne action envers l'environnement:

____

____

Mes discussions environnementales_______________________

____

____

Jeudi

Ce que j'ai remarqué d'écologiquement honteux:

____

____

Ma bonne action envers l'environnement:

____

____

Mes discussions environnementales_______________________

____

____

<u>Vendredi</u>

Ce que j'ai remarqué d'écologiquement honteux :

____

____

Ma bonne action envers l'environnement :

____

____

Mes discussions environnementales_______________________

____

____

<u>Samedi</u>

Ce que j'ai remarqué d'écologiquement honteux :

____

____

Ma bonne action envers l'environnement :

____

____

Mes discussions environnementales_______________________

____

____

<u>Dimanche</u>

Ce que j'ai remarqué d'écologiquement honteux :

____

____

Ma bonne action envers l'environnement :

____

____

Mes discussions environnementales_______________________

____

____

CONCLUSION DE CETTE SEMAINE

MES ENGAGEMENTS POUR LA SEMAINE PROCHAINE, ET TOUTES LES AUTRES !

SEMAINE N° :

DATE:_______________________

LUNDI

CE QUE J'AI REMARQUÉ D'ÉCOLOGIQUEMENT HONTEUX:

____

____

MA BONNE ACTION ENVERS L'ENVIRONNEMENT:

____

____

MES DISCUSSIONS ENVIRONNEMENTALES_______________________

____

____

<u>Mardi</u>

Ce que j'ai remarqué d'écologiquement honteux :

____

____

Ma bonne action envers l'environnement :

____

____

Mes discussions environnementales_______________

____

____

<u>Mercredi</u>

Ce que j'ai remarqué d'écologiquement honteux :

____

____

Ma bonne action envers l'environnement :

____

Mes discussions environnementales_______________

____

<u>Jeudi</u>

Ce que j'ai remarqué d'écologiquement honteux :

____

____

Ma bonne action envers l'environnement :

____

____

Mes discussions environnementales_______________

____

____

Vendredi

Ce que j'ai remarqué d'écologiquement honteux :

____

____

Ma bonne action envers l'environnement :

____

____

Mes discussions environnementales___________________

____

____

Samedi

Ce que j'ai remarqué d'écologiquement honteux :

____

____

Ma bonne action envers l'environnement :

____

____

Mes discussions environnementales___________________

____

____

Dimanche

Ce que j'ai remarqué d'écologiquement honteux :

____

____

Ma bonne action envers l'environnement :

____

____

Mes discussions environnementales___________________

____

____

CONCLUSION DE CETTE SEMAINE

MES ENGAGEMENTS POUR LA SEMAINE PROCHAINE, ET TOUTES LES AUTRES !

<u>SEMAINE N°</u>   :

DATE:_______________________

<u>NOTRE "IDÉE ENVIRONNEMENT" DE LA SEMAINE</u>:

Baissez le chauffage dans toutes les pièces de votre chez vous, un bon pull fera l'affaire !

<u>LUNDI</u>

CE QUE J'AI REMARQUÉ D'ÉCOLOGIQUEMENT HONTEUX:

____

____

MA BONNE ACTION ENVERS L'ENVIRONNEMENT:

____

____

MES DISCUSSIONS ENVIRONNEMENTALES_______________

____

____

MARDI

Ce que j'ai remarqué d'écologiquement honteux:

____

____

Ma bonne action envers l'environnement:

____

____

Mes discussions environnementales_______________

____

____

MERCREDI

Ce que j'ai remarqué d'écologiquement honteux:

____

____

Ma bonne action envers l'environnement:

____

____

Mes discussions environnementales_______________

____

____

JEUDI

Ce que j'ai remarqué d'écologiquement honteux:

____

____

Ma bonne action envers l'environnement:

____

____

Mes discussions environnementales_______________

____

____

Vendredi

Ce que j'ai remarqué d'écologiquement honteux :

____

____

Ma bonne action envers l'environnement :

____

____

Mes discussions environnementales______________

____

____

Samedi

Ce que j'ai remarqué d'écologiquement honteux :

____

____

Ma bonne action envers l'environnement :

____

____

Mes discussions environnementales______________

____

____

Dimanche

Ce que j'ai remarqué d'écologiquement honteux :

____

____

Ma bonne action envers l'environnement :

____

____

Mes discussions environnementales______________

____

____

CONCLUSION DE CETTE SEMAINE

MES ENGAGEMENTS POUR LA SEMAINE PROCHAINE, ET TOUTES LES AUTRES !

DATE: _______________________________

NOTRE "IDÉE ENVIRONNEMENT" DE LA SEMAINE:

Vous pouvez mettre un couvercle sur une casserole d'eau qui chauffe, cela économisera le temps de chauffage, donc de l'énergie !

LUNDI

CE QUE J'AI REMARQUÉ D'ÉCOLOGIQUEMENT HONTEUX:

____

____

MA BONNE ACTION ENVERS L'ENVIRONNEMENT:

____

____

MES DISCUSSIONS ENVIRONNEMENTALES _______________________________

____

____

Mardi

Ce que j'ai remarqué d'écologiquement honteux :

____

____

Ma bonne action envers l'environnement :

____

____

Mes discussions environnementales_______________

____

____

Mercredi

Ce que j'ai remarqué d'écologiquement honteux :

____

____

Ma bonne action envers l'environnement :

____

____

Mes discussions environnementales_______________

____

____

Jeudi

Ce que j'ai remarqué d'écologiquement honteux :

____

____

Ma bonne action envers l'environnement :

____

____

Mes discussions environnementales_______________

____

____

<u>Vendredi</u>

Ce que j'ai remarqué d'écologiquement honteux:

____

____

Ma bonne action envers l'environnement:

____

____

Mes discussions environnementales_______________

____

____

<u>Samedi</u>

Ce que j'ai remarqué d'écologiquement honteux:

____

____

Ma bonne action envers l'environnement:

____

____

Mes discussions environnementales_______________

____

____

<u>Dimanche</u>

Ce que j'ai remarqué d'écologiquement honteux:

____

____

Ma bonne action envers l'environnement:

____

____

Mes discussions environnementales_______________

____

____

Conclusion de cette semaine

Mes engagements pour la semaine prochaine, et toutes les autres !

SEMAINE N° :

DATE: _______________________

LUNDI

CE QUE J'AI REMARQUÉ D'ÉCOLOGIQUEMENT HONTEUX:

____
____

MA BONNE ACTION ENVERS L'ENVIRONNEMENT:

____
____

MES DISCUSSIONS ENVIRONNEMENTALES_______________________
____
____

Mardi

Ce que j'ai remarqué d'écologiquement honteux :

____

____

Ma bonne action envers l'environnement :

____

____

Mes discussions environnementales_______________

____

____

Mercredi

Ce que j'ai remarqué d'écologiquement honteux :

____

____

Ma bonne action envers l'environnement :

____

____

Mes discussions environnementales_______________

____

____

Jeudi

Ce que j'ai remarqué d'écologiquement honteux :

____

____

Ma bonne action envers l'environnement :

____

____

Mes discussions environnementales_______________

____

____

Vendredi

Ce que j'ai remarqué d'écologiquement honteux:

____

____

Ma bonne action envers l'environnement:

____

____

Mes discussions environnementales_______________________

____

____

Samedi

Ce que j'ai remarqué d'écologiquement honteux:

____

____

Ma bonne action envers l'environnement:

____

____

Mes discussions environnementales_______________________

____

____

Dimanche

Ce que j'ai remarqué d'écologiquement honteux:

____

____

Ma bonne action envers l'environnement:

____

____

Mes discussions environnementales_______________________

____

____

CONCLUSION DE CETTE SEMAINE

MES ENGAGEMENTS POUR LA SEMAINE PROCHAINE, ET TOUTES LES AUTRES !

<u>SEMAINE N°</u>   :

DATE:______________________

LUNDI

CE QUE J'AI REMARQUÉ D'ÉCOLOGIQUEMENT HONTEUX:

____
____

MA BONNE ACTION ENVERS L'ENVIRONNEMENT:

____
____

MES DISCUSSIONS ENVIRONNEMENTALES_______________
____
____

MARDI

Ce que j'ai remarqué d'écologiquement honteux :

____

____

Ma bonne action envers l'environnement :

____

____

Mes discussions environnementales_______________

____

____

MERCREDI

Ce que j'ai remarqué d'écologiquement honteux :

____

____

Ma bonne action envers l'environnement :

____

____

Mes discussions environnementales_______________

____

JEUDI

Ce que j'ai remarqué d'écologiquement honteux :

____

____

Ma bonne action envers l'environnement :

____

____

Mes discussions environnementales_______________

____

____

Vendredi

Ce que j'ai remarqué d'écologiquement honteux :

____

____

Ma bonne action envers l'environnement :

____

____

Mes discussions environnementales_______________

____

____

Samedi

Ce que j'ai remarqué d'écologiquement honteux :

____

____

Ma bonne action envers l'environnement :

____

____

Mes discussions environnementales_______________

____

____

Dimanche

Ce que j'ai remarqué d'écologiquement honteux :

____

____

Ma bonne action envers l'environnement :

____

____

Mes discussions environnementales_______________

____

____

CONCLUSION DE CETTE SEMAINE

<u>MES ENGAGEMENTS POUR LA SEMAINE PROCHAINE, ET TOUTES LES AUTRES !</u>

<u>SEMAINE N°</u>   :

DATE:________________________

<u>LUNDI</u>

CE QUE J'AI REMARQUÉ D'ÉCOLOGIQUEMENT HONTEUX:

____
____

MA BONNE ACTION ENVERS L'ENVIRONNEMENT:

____
____

MES DISCUSSIONS ENVIRONNEMENTALES________________________
____
____

Mardi

Ce que j'ai remarqué d'écologiquement honteux :

____

____

Ma bonne action envers l'environnement :

____

____

Mes discussions environnementales_______________________

____

____

Mercredi

Ce que j'ai remarqué d'écologiquement honteux :

____

____

Ma bonne action envers l'environnement :

____

____

Mes discussions environnementales_______________________

____

____

Jeudi

Ce que j'ai remarqué d'écologiquement honteux :

____

____

Ma bonne action envers l'environnement :

____

____

Mes discussions environnementales_______________________

____

____

Vendredi

Ce que j'ai remarqué d'écologiquement honteux:

____

____

Ma bonne action envers l'environnement:

____

____

Mes discussions environnementales___________________________

____

____

Samedi

Ce que j'ai remarqué d'écologiquement honteux:

____

____

Ma bonne action envers l'environnement:

____

____

Mes discussions environnementales___________________________

____

____

Dimanche

Ce que j'ai remarqué d'écologiquement honteux:

____

____

Ma bonne action envers l'environnement:

____

____

Mes discussions environnementales___________________________

____

____

Conclusion de cette semaine

____
____
____
____
____

Mes engagements pour la semaine prochaine, et toutes les autres !

____
____
____
____
____
____
____

Semaine N° :

DATE: ___________________________

LUNDI

Ce que j'ai remarqué d'écologiquement honteux :

____
____

Ma bonne action envers l'environnement :

____
____

Mes discussions environnementales___________________
____
____

MARDI

Ce que j'ai remarqué d'écologiquement honteux :

____

____

Ma bonne action envers l'environnement :

____

____

Mes discussions environnementales_______________

____

____

MERCREDI

Ce que j'ai remarqué d'écologiquement honteux :

____

____

Ma bonne action envers l'environnement :

____

____

Mes discussions environnementales_______________

____

JEUDI

Ce que j'ai remarqué d'écologiquement honteux :

____

____

Ma bonne action envers l'environnement :

____

____

Mes discussions environnementales_______________

____

____

Vendredi

Ce que j'ai remarqué d'écologiquement honteux:

____

____

Ma bonne action envers l'environnement:

____

____

Mes discussions environnementales_____________

____

____

Samedi

Ce que j'ai remarqué d'écologiquement honteux:

____

____

Ma bonne action envers l'environnement:

____

____

Mes discussions environnementales_____________

____

____

Dimanche

Ce que j'ai remarqué d'écologiquement honteux:

____

____

Ma bonne action envers l'environnement:

____

____

Mes discussions environnementales_____________

____

____

CONCLUSION DE CETTE SEMAINE

MES ENGAGEMENTS POUR LA SEMAINE PROCHAINE, ET TOUTES LES AUTRES !

SEMAINE N° :

DATE:_______________________

LUNDI

CE QUE J'AI REMARQUÉ D'ÉCOLOGIQUEMENT HONTEUX:

____
____

MA BONNE ACTION ENVERS L'ENVIRONNEMENT:

____
____

MES DISCUSSIONS ENVIRONNEMENTALES_______________________
____
____

<u>Mardi</u>

Ce que j'ai remarqué d'écologiquement honteux:

Ma bonne action envers l'environnement:

Mes discussions environnementales

<u>Mercredi</u>

Ce que j'ai remarqué d'écologiquement honteux:

Ma bonne action envers l'environnement:

Mes discussions environnementales

<u>Jeudi</u>

Ce que j'ai remarqué d'écologiquement honteux:

Ma bonne action envers l'environnement:

Mes discussions environnementales

Vendredi

Ce que j'ai remarqué d'écologiquement honteux:

Ma bonne action envers l'environnement:

Mes discussions environnementales

Samedi

Ce que j'ai remarqué d'écologiquement honteux:

Ma bonne action envers l'environnement:

Mes discussions environnementales

Dimanche

Ce que j'ai remarqué d'écologiquement honteux:

Ma bonne action envers l'environnement:

Mes discussions environnementales

CONCLUSION DE CETTE SEMAINE

MES ENGAGEMENTS POUR LA SEMAINE PROCHAINE, ET TOUTES LES AUTRES !

<u>SEMAINE N°</u>   :

DATE:________________________

<u>LUNDI</u>

CE QUE J'AI REMARQUÉ D'ÉCOLOGIQUEMENT HONTEUX:

____
____

MA BONNE ACTION ENVERS L'ENVIRONNEMENT:

____
____

MES DISCUSSIONS ENVIRONNEMENTALES_______________
____
____

Mardi

Ce que j'ai remarqué d'écologiquement honteux:

____

____

Ma bonne action envers l'environnement:

____

____

Mes discussions environnementales_______________

____

____

Mercredi

Ce que j'ai remarqué d'écologiquement honteux:

____

____

Ma bonne action envers l'environnement:

____

____

Mes discussions environnementales_______________

____

____

Jeudi

Ce que j'ai remarqué d'écologiquement honteux:

____

____

Ma bonne action envers l'environnement:

____

____

Mes discussions environnementales_______________

____

____

Vendredi

Ce que j'ai remarqué d'écologiquement honteux:

____

____

Ma bonne action envers l'environnement:

____

____

Mes discussions environnementales_______________________

____

____

Samedi

Ce que j'ai remarqué d'écologiquement honteux:

____

____

Ma bonne action envers l'environnement:

____

____

Mes discussions environnementales_______________________

____

____

Dimanche

Ce que j'ai remarqué d'écologiquement honteux:

____

____

Ma bonne action envers l'environnement:

____

____

Mes discussions environnementales_______________________

____

____

CONCLUSION DE CETTE SEMAINE

SEMAINE N°   :

DATE:________________________

LUNDI

CE QUE J'AI REMARQUÉ D'ÉCOLOGIQUEMENT HONTEUX:

____
____

MA BONNE ACTION ENVERS L'ENVIRONNEMENT:

____
____

MES DISCUSSIONS ENVIRONNEMENTALES__________________
____
____
____

<h1 style="text-align:center">MARDI</h1>

CE QUE J'AI REMARQUÉ D'ÉCOLOGIQUEMENT HONTEUX :

____

____

MA BONNE ACTION ENVERS L'ENVIRONNEMENT :

____

____

MES DISCUSSIONS ENVIRONNEMENTALES_______________________

____

____

<h1 style="text-align:center">MERCREDI</h1>

CE QUE J'AI REMARQUÉ D'ÉCOLOGIQUEMENT HONTEUX :

____

____

MA BONNE ACTION ENVERS L'ENVIRONNEMENT :

____

____

MES DISCUSSIONS ENVIRONNEMENTALES_______________________

____

____

<h1 style="text-align:center">JEUDI</h1>

CE QUE J'AI REMARQUÉ D'ÉCOLOGIQUEMENT HONTEUX :

____

____

MA BONNE ACTION ENVERS L'ENVIRONNEMENT :

____

____

MES DISCUSSIONS ENVIRONNEMENTALES_______________________

____

____

Vendredi

Ce que j'ai remarqué d'écologiquement honteux:

____

____

Ma bonne action envers l'environnement:

____

____

Mes discussions environnementales_______________________

____

____

Samedi

Ce que j'ai remarqué d'écologiquement honteux:

____

____

Ma bonne action envers l'environnement:

____

____

Mes discussions environnementales_______________________

____

____

Dimanche

Ce que j'ai remarqué d'écologiquement honteux:

____

____

Ma bonne action envers l'environnement:

____

____

Mes discussions environnementales_______________________

____

____

CONCLUSION DE CETTE SEMAINE

MES ENGAGEMENTS POUR LA SEMAINE PROCHAINE, ET TOUTES LES AUTRES !

SEMAINE N°   :

DATE:________________________

LUNDI

CE QUE J'AI REMARQUÉ D'ÉCOLOGIQUEMENT HONTEUX:

____
____

MA BONNE ACTION ENVERS L'ENVIRONNEMENT:

____
____

MES DISCUSSIONS ENVIRONNEMENTALES_______________
____
____

<u>Mardi</u>

Ce que j'ai remarqué d'écologiquement honteux :

____

____

Ma bonne action envers l'environnement :

____

____

Mes discussions environnementales_______________

____

____

<u>Mercredi</u>

Ce que j'ai remarqué d'écologiquement honteux :

____

____

Ma bonne action envers l'environnement :

____

____

Mes discussions environnementales_______________

____

____

<u>Jeudi</u>

Ce que j'ai remarqué d'écologiquement honteux :

____

____

Ma bonne action envers l'environnement :

____

____

Mes discussions environnementales_______________

____

____

<u>Vendredi</u>

Ce que j'ai remarqué d'écologiquement honteux:

____

____

Ma bonne action envers l'environnement:

____

____

Mes discussions environnementales_______________

____

____

<u>Samedi</u>

Ce que j'ai remarqué d'écologiquement honteux:

____

____

Ma bonne action envers l'environnement:

____

____

Mes discussions environnementales_______________

____

____

<u>Dimanche</u>

Ce que j'ai remarqué d'écologiquement honteux:

____

____

Ma bonne action envers l'environnement:

____

____

Mes discussions environnementales_______________

____

____

Conclusion de cette semaine

<u>Mes engagements pour la semaine prochaine, et toutes les autres !</u>

<u>SEMAINE N°</u> :

DATE: _______________________

<u>LUNDI</u>

CE QUE J'AI REMARQUÉ D'ÉCOLOGIQUEMENT HONTEUX:

____

____

MA BONNE ACTION ENVERS L'ENVIRONNEMENT:

____

____

MES DISCUSSIONS ENVIRONNEMENTALES_______________________

____

____

<u>Mardi</u>

Ce que j'ai remarqué d'écologiquement honteux:

____

____

Ma bonne action envers l'environnement:

____

____

Mes discussions environnementales_______________________

____

____

<u>Mercredi</u>

Ce que j'ai remarqué d'écologiquement honteux:

____

____

Ma bonne action envers l'environnement:

____

____

Mes discussions environnementales_______________________

____

____

<u>Jeudi</u>

Ce que j'ai remarqué d'écologiquement honteux:

____

____

Ma bonne action envers l'environnement:

____

____

Mes discussions environnementales_______________________

____

____

<u>Vendredi</u>

Ce que j'ai remarqué d'écologiquement honteux:

____

____

Ma bonne action envers l'environnement:

____

____

Mes discussions environnementales_______________

____

____

<u>Samedi</u>

Ce que j'ai remarqué d'écologiquement honteux:

____

____

Ma bonne action envers l'environnement:

____

____

Mes discussions environnementales_______________

____

____

<u>Dimanche</u>

Ce que j'ai remarqué d'écologiquement honteux:

____

____

Ma bonne action envers l'environnement:

____

____

Mes discussions environnementales_______________

____

____

CONCLUSION DE CETTE SEMAINE

MES ENGAGEMENTS POUR LA SEMAINE PROCHAINE, ET TOUTES LES AUTRES !

<u>SEMAINE N°</u> :

DATE: _______________________

<u>NOTRE "IDÉE ENVIRONNEMENT" DE LA SEMAINE</u>:

Lavez le linge à basse température (30° / 40° maxi) !

<u>LUNDI</u>

CE QUE J'AI REMARQUÉ D'ÉCOLOGIQUEMENT HONTEUX:

____

____

MA BONNE ACTION ENVERS L'ENVIRONNEMENT:

____

____

MES DISCUSSIONS ENVIRONNEMENTALES_______________________

____

____

Mardi

Ce que j'ai remarqué d'écologiquement honteux :

____

____

Ma bonne action envers l'environnement :

____

____

Mes discussions environnementales______________________________________

____

____

Mercredi

Ce que j'ai remarqué d'écologiquement honteux :

____

____

Ma bonne action envers l'environnement :

____

____

Mes discussions environnementales______________________________________

____

____

Jeudi

Ce que j'ai remarqué d'écologiquement honteux :

____

____

Ma bonne action envers l'environnement :

____

____

Mes discussions environnementales______________________________________

____

____

Vendredi

Ce que j'ai remarqué d'écologiquement honteux:

____

____

Ma bonne action envers l'environnement:

____

____

Mes discussions environnementales_______________________

____

____

Samedi

Ce que j'ai remarqué d'écologiquement honteux:

____

____

Ma bonne action envers l'environnement:

____

____

Mes discussions environnementales_______________________

____

____

Dimanche

Ce que j'ai remarqué d'écologiquement honteux:

____

____

Ma bonne action envers l'environnement:

____

____

Mes discussions environnementales_______________________

____

____

CONCLUSION DE CETTE SEMAINE

MES ENGAGEMENTS POUR LA SEMAINE PROCHAINE, ET TOUTES LES AUTRES !

Date:________________________

> ## <u>Notre "idée environnement" de la semaine:</u>
>
> Utilisez un Oriculi à la place des cotons tiges

<u>Lundi</u>

Ce que j'ai remarqué d'écologiquement honteux:

____

____

Ma bonne action envers l'environnement:

____

____

Mes discussions environnementales________________

____

____

MARDI

Ce que j'ai remarqué d'écologiquement honteux :

____

____

Ma bonne action envers l'environnement :

____

____

Mes discussions environnementales_______________

____

____

MERCREDI

Ce que j'ai remarqué d'écologiquement honteux :

____

____

Ma bonne action envers l'environnement :

____

____

Mes discussions environnementales_______________

____

____

JEUDI

Ce que j'ai remarqué d'écologiquement honteux :

____

____

Ma bonne action envers l'environnement :

____

____

Mes discussions environnementales_______________

____

____

Vendredi

Ce que j'ai remarqué d'écologiquement honteux:

____

____

Ma bonne action envers l'environnement:

____

____

Mes discussions environnementales_______________

____

____

Samedi

Ce que j'ai remarqué d'écologiquement honteux:

____

____

Ma bonne action envers l'environnement:

____

____

Mes discussions environnementales_______________

____

____

Dimanche

Ce que j'ai remarqué d'écologiquement honteux:

____

____

Ma bonne action envers l'environnement:

____

____

Mes discussions environnementales_______________

____

____

CONCLUSION DE CETTE SEMAINE

MES ENGAGEMENTS POUR LA SEMAINE PROCHAINE, ET TOUTES LES AUTRES !

Semaine N° :

Date: _______________________

Lundi

Ce que j'ai remarqué d'écologiquement honteux:

____
____

Ma bonne action envers l'environnement:

____
____

Mes discussions environnementales _______________________
____
____

Mardi

Ce que j'ai remarqué d'écologiquement honteux:

____

____

Ma bonne action envers l'environnement:

____

____

Mes discussions environnementales________________

____

____

Mercredi

Ce que j'ai remarqué d'écologiquement honteux:

____

____

Ma bonne action envers l'environnement:

____

____

Mes discussions environnementales________________

____

____

Jeudi

Ce que j'ai remarqué d'écologiquement honteux:

____

____

Ma bonne action envers l'environnement:

____

____

Mes discussions environnementales________________

____

____

<u>Vendredi</u>

Ce que j'ai remarqué d'écologiquement honteux :

____

____

Ma bonne action envers l'environnement :

____

____

Mes discussions environnementales_______________

____

____

<u>Samedi</u>

Ce que j'ai remarqué d'écologiquement honteux :

____

____

Ma bonne action envers l'environnement :

____

____

Mes discussions environnementales_______________

____

____

<u>Dimanche</u>

Ce que j'ai remarqué d'écologiquement honteux :

____

____

Ma bonne action envers l'environnement :

____

____

Mes discussions environnementales_______________

____

____

Conclusion de cette semaine

Mes engagements pour la semaine prochaine, et toutes les autres !

<u>SEMAINE N°</u> :

DATE:______________________

Notre "idée environnement" de la semaine:

Installez un mousseur sur les robinets pour diminuer votre consommation d'eau !

<u>LUNDI</u>

Ce que j'ai remarqué d'écologiquement honteux:

____
____

Ma bonne action envers l'environnement:

____
____

Mes discussions environnementales_______________
____
____

MARDI

Ce que j'ai remarqué d'écologiquement honteux:

____

____

Ma bonne action envers l'environnement:

____

____

Mes discussions environnementales_______________

____

____

MERCREDI

Ce que j'ai remarqué d'écologiquement honteux:

____

____

Ma bonne action envers l'environnement:

____

____

Mes discussions environnementales_______________

____

____

JEUDI

Ce que j'ai remarqué d'écologiquement honteux:

____

____

Ma bonne action envers l'environnement:

____

____

Mes discussions environnementales_______________

____

____

Vendredi

Ce que j'ai remarqué d'écologiquement honteux:

____

____

Ma bonne action envers l'environnement:

____

____

Mes discussions environnementales_______________________

____

____

Samedi

Ce que j'ai remarqué d'écologiquement honteux:

____

____

Ma bonne action envers l'environnement:

____

____

Mes discussions environnementales_______________________

____

____

Dimanche

Ce que j'ai remarqué d'écologiquement honteux:

____

____

Ma bonne action envers l'environnement:

____

____

Mes discussions environnementales_______________________

____

____

Conclusion de cette semaine

<u>Mes engagements pour la semaine prochaine, et toutes les autres !</u>